El caracol

Bernadette Gervais

JUVENTUD

El caparazón

El caracol tiene un caparazón que protege su cuerpo blando. Cuando hay un peligro, el caracol se esconde dentro del caparazón.

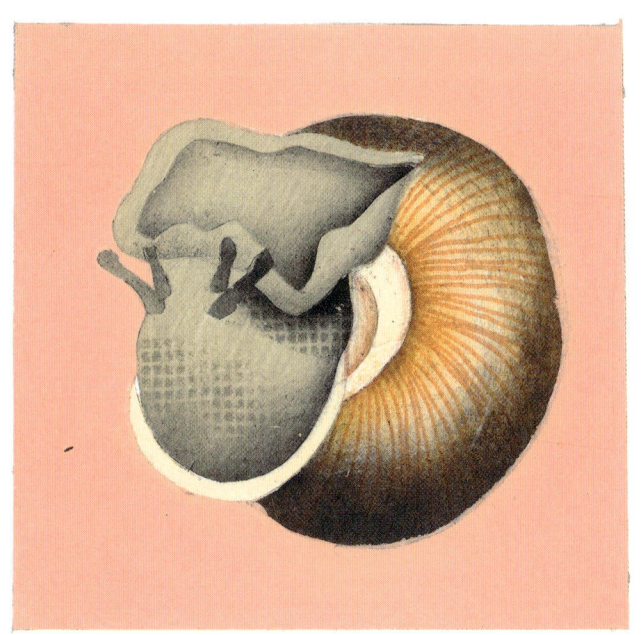

El caracol y su caparazón crecen a la vez. La cría de caracol nace con un caparazón pequeño y blando (el ápex) que se desarrolla de forma irregular entre la estivación y la hibernación, gracias al calcio que segrega con su baba. En el caparazón se pueden observar unas estrías que indican este crecimiento irregular. Si el caparazón está dañado, el caracol puede autorrepararlo.

Descripción

El caracol es un molusco. No tiene esqueleto. Tiene el cuerpo blando y protegido por el caparazón o concha.

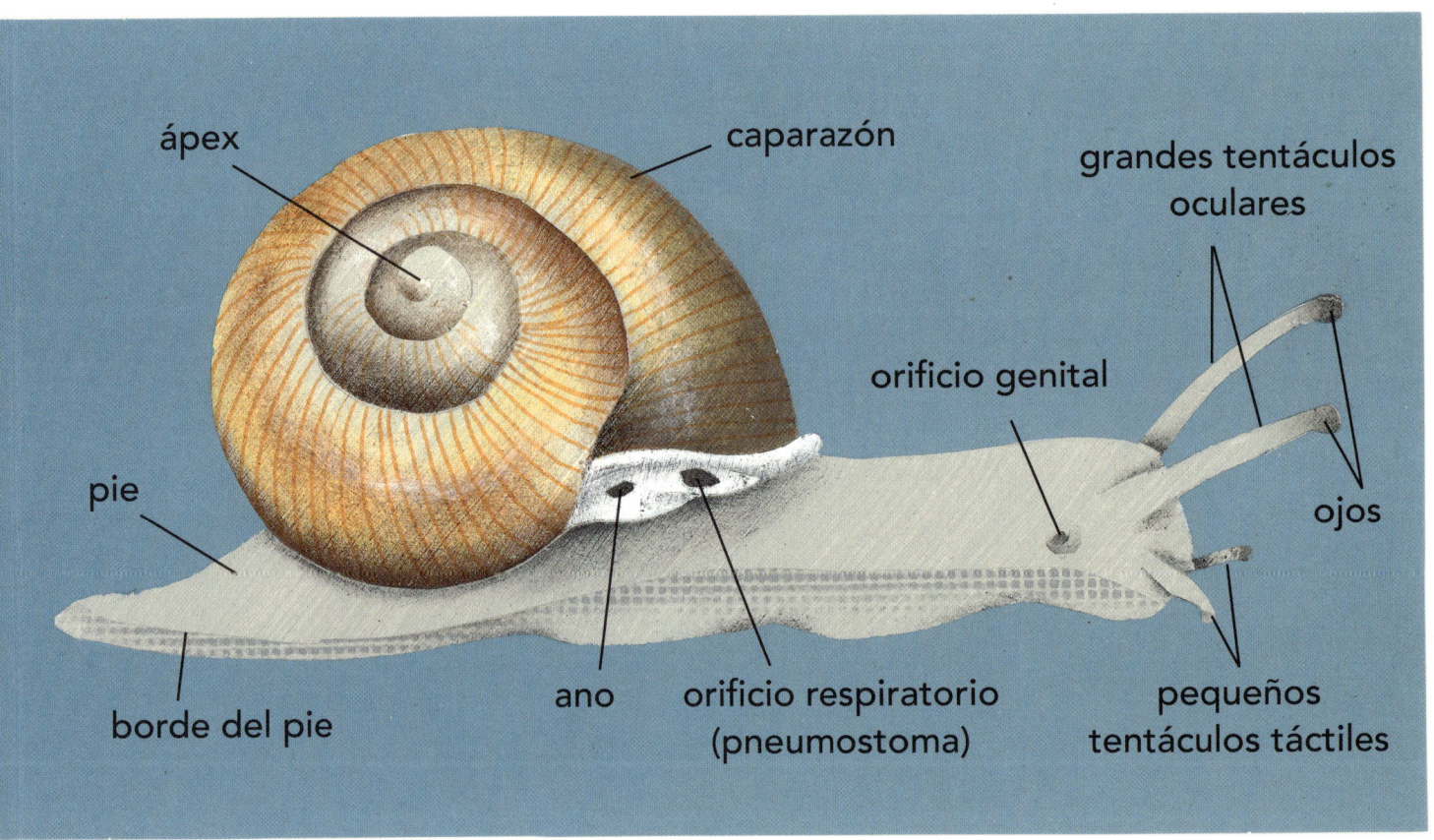

El cuerpo del caracol está formado por un pie, una cabeza y los órganos internos, una masa visceral protegida por el caparazón.

Cuando el borde del caparazón forma una pequeña visera, se dice que el caracol está "bordeado" y ha alcanzado la edad adulta.

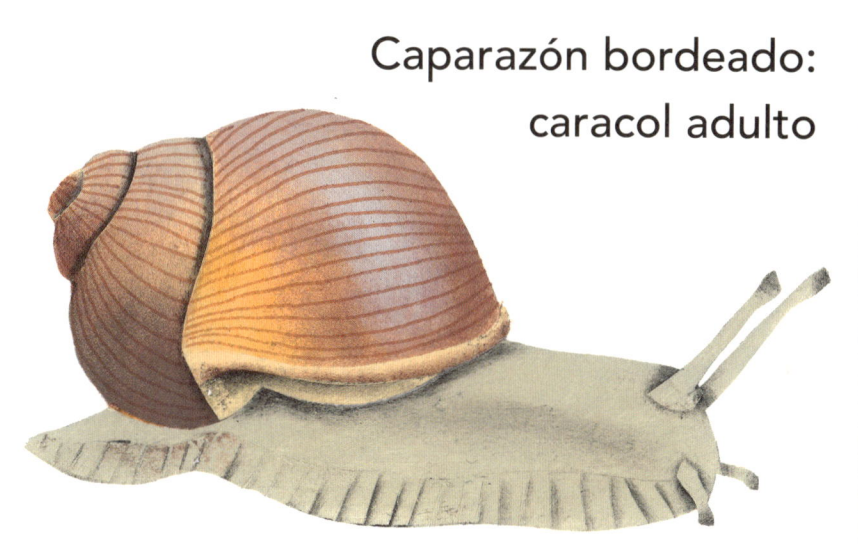

Caparazón bordeado: caracol adulto

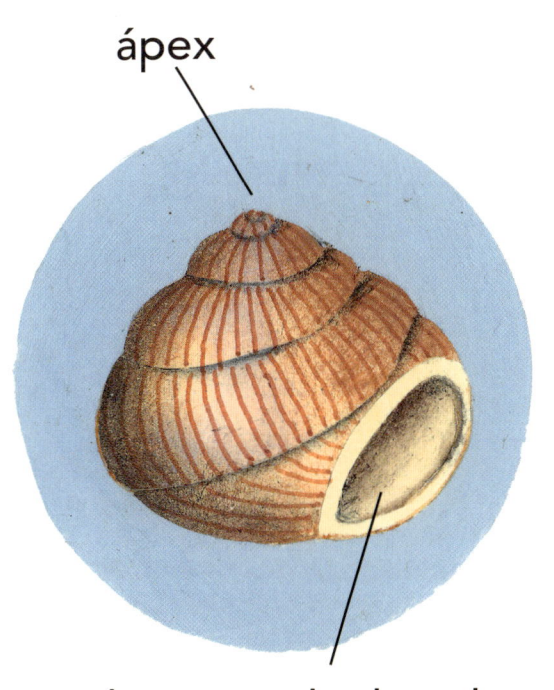

ápex

abertura a la derecha

El caparazón se enrosca casi siempre en el sentido de las agujas del reloj (se dice que es "diestro"). Si quieres comprobarlo, coloca el caracol con el ápex hacia arriba y el orificio del caparazón mirando hacia ti.

Los tentáculos

El caracol tiene dos pares de tentáculos.
– Los tentáculos grandes son oculares
– Los tentáculos pequeños son táctiles y olfativos
Todos son retráctiles.

La lengua y los dientes

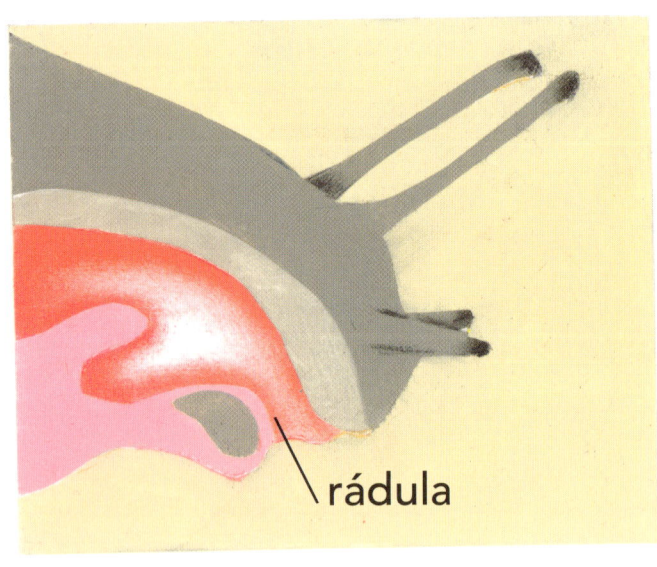

rádula

arista dura y cortante

La lengua, llamada rádula, posee miles de pequeños dientes y funciona como una lima. El caracol también tiene sobre la mandíbula superior una arista sólida, destinada a cortar los alimentos.

El pie

El pie es el músculo gracias al cual el caracol se arrastra. La contracción de este músculo hacia delante y hacia atrás hace que se deslice sobre una fina capa de líquido pegajoso, la "baba", que fabrica a medida que avanza.

Los caracoles salen por la noche o tras la lluvia. Necesitan humedad para fabricar esa mucosidad adhesiva.

Se desplaza a unos 7 cm por minuto, es decir, poco más de 4 metros por hora.

La reproducción

Los caracoles son macho y hembra a la vez, pero tienen que aparearse para reproducirse. Cuando se aparean, intercambian espermatozoides para fecundar sus huevos.

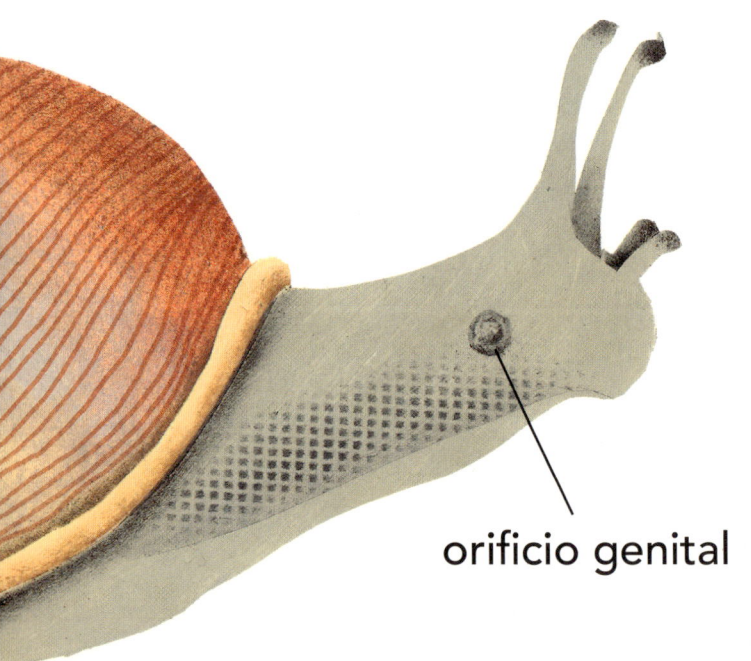

orificio genital

Quince días después del apareamiento, el caracol pone los huevos a través del orificio genital situado en su cabeza.

El caracol excava un agujero en el suelo para depositar los huevos.

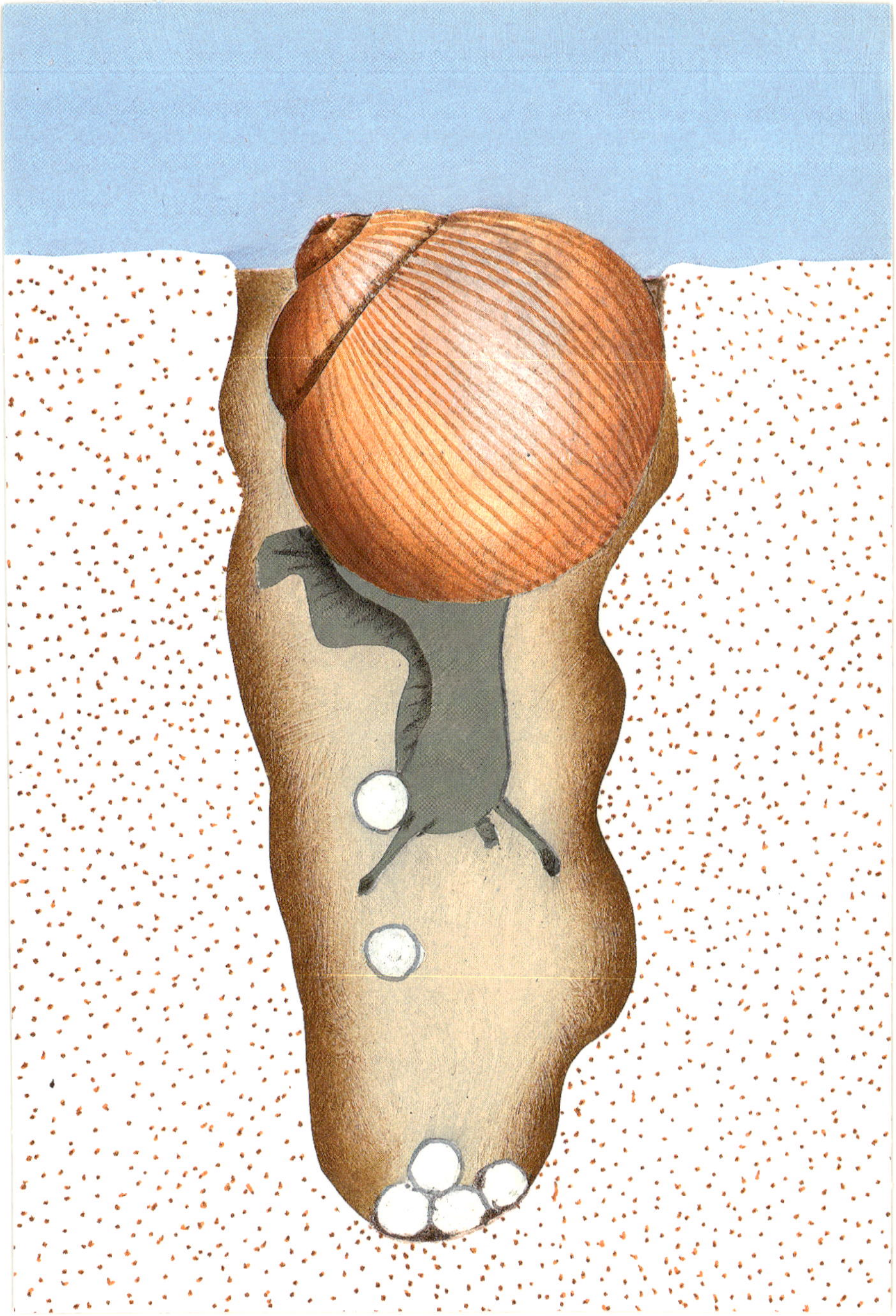

Racimo de huevos blancos

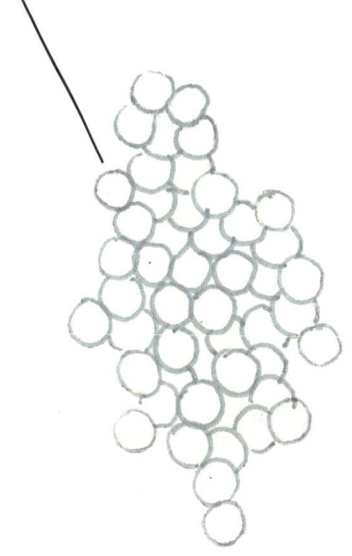

De cría a adulto

La estivación y la hibernación

El caracol no soporta las temperaturas demasiado altas ni las demasiado bajas.

En verano, la estivación: cuando hace demasiado calor, el caracol se mete en su caparazón y lo sella con una mucosidad seca, a fin de mantener la humedad en el interior. Esta capa protectora se conoce como epifragma. El caracol se pega a un muro, a una piedra, a una rama…

En invierno, la hibernación: el caracol se entierra y cierra su caparazón con un epifragma calcificado, más sólido, que lo protege del frío, la sequedad y los depredadores.

La alimentación

El caracol es herbívoro. Come de 2 a 3 horas al día, siempre de noche o después de la lluvia.

Setas

Lechuga

Melón

Manzana

Rábano

Col

Antes:

Fresa

Diferentes tipos de caracoles:

Caracol de jardín

Ciclostoma elegante

Caracol ámbar

Clausilia bidentata

Caracol de siete espirales

Caracol condrínido

Caracol de las rocas

Los depredadores

¡El caracol tiene muchos depredadores!

Pato

Rana

Gallina

Lución

Caracol elegante

Caracol de disco

Caracol italiano

Caracol peludo

Caracol de Borgoña

El caracol gigante africano, el caracol más grande, mide 12 cm.

Encuentra las siete diferencias entre los dos dibujos.